AF219281

Impressum
Verlag: BABADADA GmbH, Nedderfeld 112 , 22529 Hamburg
Geschäftsführer / Verlagsleitung: Harald Hof
Druck: Books on Demand GmbH, In de Tarpen 42, 22848 Norderstedt

Imprint
Publisher: BABADADA GmbH, Nedderfeld 112 , 22529 Hamburg, Germany
Managing Director / Publishing direction: Harald Hof
Print: Books on Demand GmbH, In de Tarpen 42, 22848 Norderstedt

chikoro
school

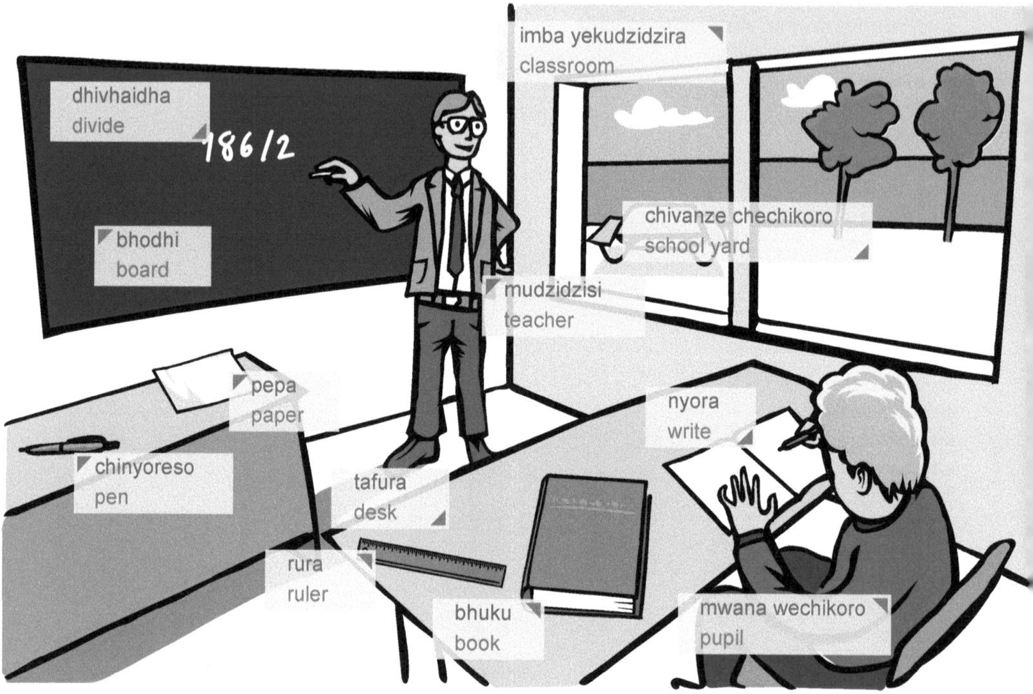
imba yekudzidzira
classroom
dhivhaidha
divide
186/2
bhodhi
board
chivanze chechikoro
school yard
mudzidzisi
teacher
pepa
paper
nyora
write
chinyoreso
pen
tafura
desk
rura
ruler
bhuku
book
mwana wechikoro
pupil

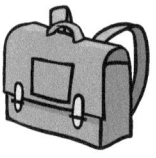

bhegi
satchel

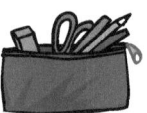

chekuchengetera mapenzura
pencil case

penzura
pencil

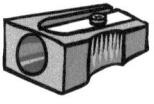

chekurodzesa mapenzura
pencil sharpener

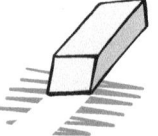

rabha
rubber

bhuku rekudhirowera mifananidzo
drawing pad

mufananidzo
wakadhirowewa
drawing

bhurasho rekupendesa

paintbrush

bhokisi rependi

paint box

chigero

scissors

guruu

glue

bhuku rekunyorera

exercise book

basa rinoitirwa kumba

homework

nhamba

number

sanganisa

add

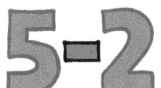

bvisa

subtract

wanziridza

multiply

kakureta

calculate

bhii

letter

arufabheti

alphabet

shoko

word

mashoko

text

kuverenga

read

choko

chalk

chidzidzo

lesson

bhuku remazita

register

bvunzo

exam

setifiketi

certificate

yunifomu yekuchikoro

school uniform

dzidzo

education

encyclopedia

encyclopedia

yunivhesiti

university

maikorosikopu

microscope

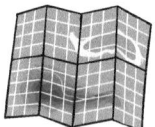

mepu

map

bhini remapepa

waste-paper basket

rwendo
travel

hotera
hotel
Grand
mahostera
hostel
ROOMS
CHANGE
panochinjwa mari
bureau de change
sutukesi
suitcase
mota
car

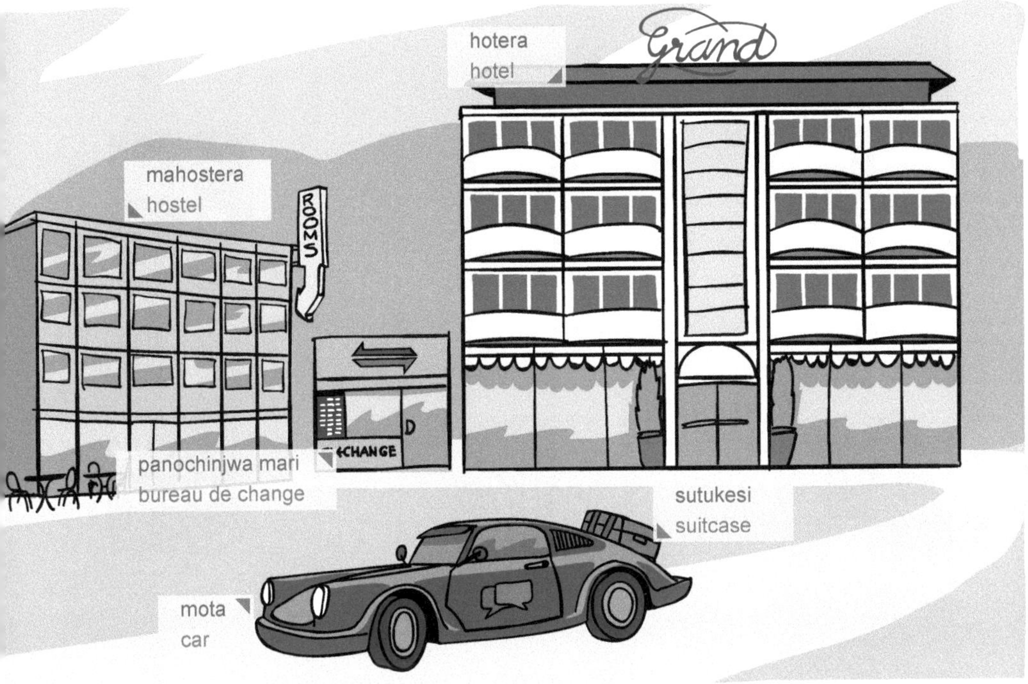

mutauro

language

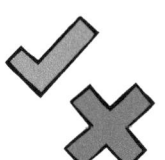

hongu / kwete

yes / no

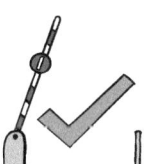

Zvakanaka

Okay

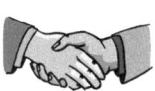

hesi

hello

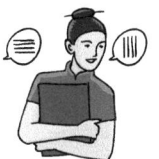

mushanduri

translator

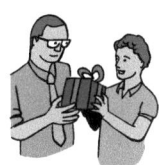

Mazvita

Thank you

Imarii... ?

how much is...?

Handisi kunzwisisa

I do not understand

dambudziko

problem

Manheru!

Good evening!

Mangwanani!

Good morning!

Murare zvakanaka

Good night!

toonana

bye bye

mafambiro

direction

katundu

luggage

bhegi

bag

bhegi rekumusana

backpack

muenzi

guest

imba

room

bhegi rekurarira

sleeping bag

tendi

tent

mashoko evafambi

tourist information

mahombekombe

beach

kadhi rekubhengi

credit card

kudya kwemangwanani

breakfast

kudya kwemasikati

lunch

kudya kwemanheru

dinner

tiketi

ticket

chikwidzo

lift

chitambi

stamp

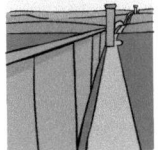

muganhu

border

vanoona nezvekupinda munyika

customs

vamiririri venyika

embassy

vhiza

visa

pasipoti

passport

zvifambiso
transport

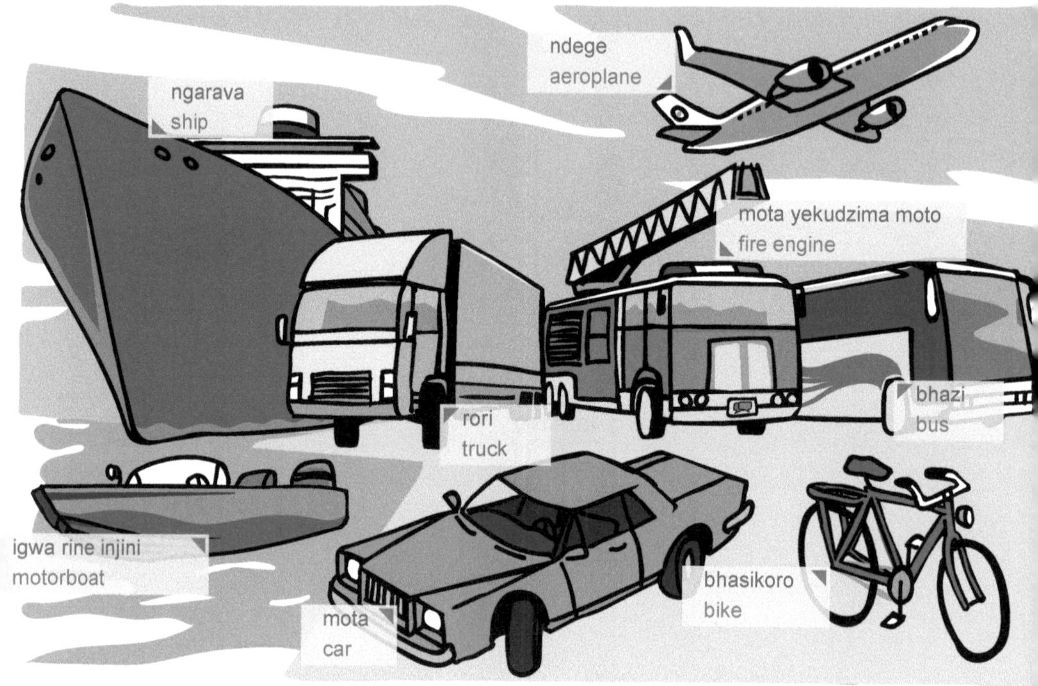
ndege
aeroplane
ngarava
ship
mota yekudzima moto
fire engine
bhazi
bus
rori
truck
igwa rine injini
motorboat
bhasikoro
bike
mota
car

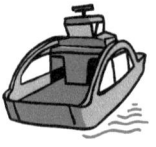

igwa
ferry

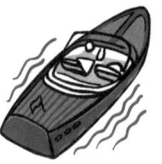

igwa
boat

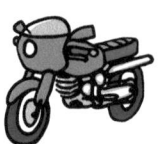

mudhudhudhu
motorbike

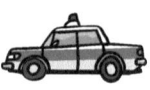

mota yemapurisa
police car

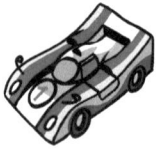

mota yemujaho
racing car

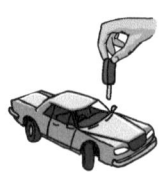

mota yekuhaya
rental car

kuhaya mota

car sharing

mota inodhonza dzinenge
dzafa

breakdown truck

mota yemabhini

refuse truck

injini

motor

mafuta

fuel

garaji remafuta

petrol station

chikwangwani
chemumugwagwa

traffic sign

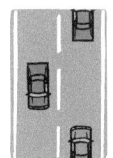

mota

traffic

mota dzakawandisa

traffic jam

panopakwa mota

car park

chiteshi chezvitima

train station

njanji

tracks

chitima

train

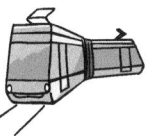

tram

tram

chitima

carriage

chikopokopo

helicopter

nhandare yendege

airport

nharire

tower

mufambi

passenger

chikondena

container

kadhibhodhi bhokisi

carton

ngoro

cart

bhasiketi

basket

simuka / mhara

take off / land

guta
city

musha

village

pakati peguta

city centre

imba

house

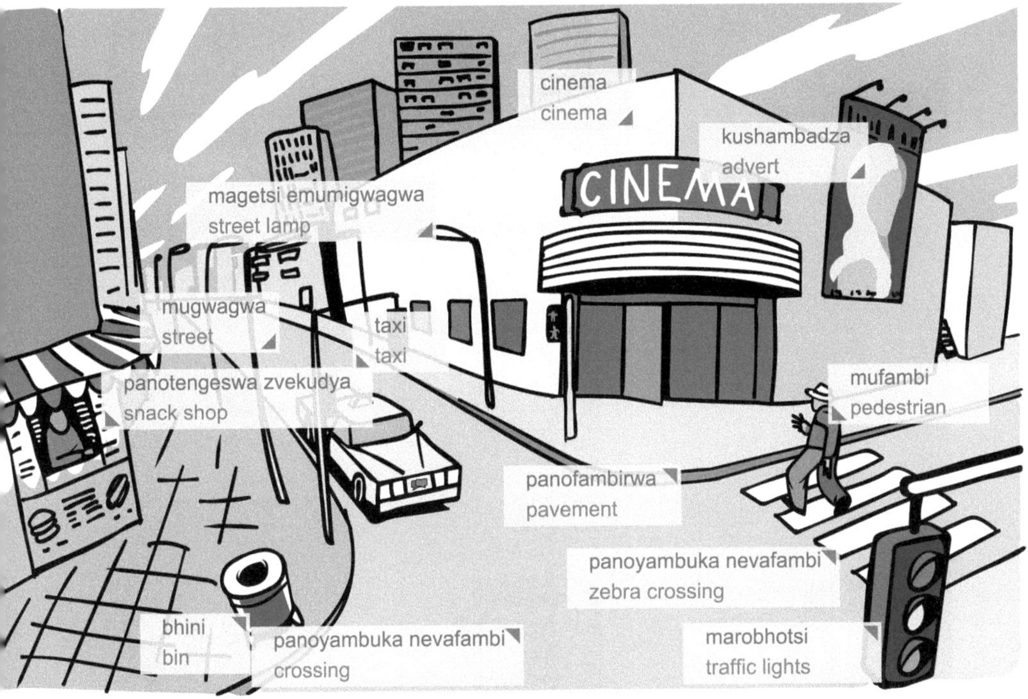

cinema
cinema
kushambadza
advert
CINEMA
magetsi emumigwagwa
street lamp
mugwagwa
street
taxi
taxi
panotengeswa zvekudya
snack shop
mufambi
pedestrian
panofambirwa
pavement
panoyambuka nevafambi
zebra crossing
bhini
bin
panoyambuka nevafambi
crossing
marobhotsi
traffic lights

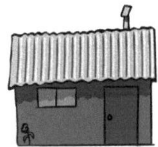

imba
hut

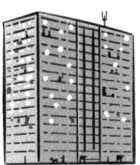

mafurati
flat

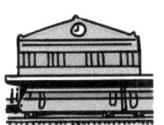

chiteshi chezvitima
train station

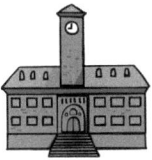

imba yeguta
town hall

MUSEUM
muziyamu
museum

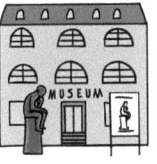

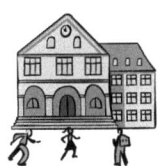

chikoro
school

yunivhesiti

university

bhengi

bank

chipatara

hospital

hotera

hotel

panotengeswa mishonga

pharmacy

hofisi

office

chitoro chemabhuku

book shop

chitoro

shop

panotengeswa maruva

florist's

supamaketi

supermarket

musika

market

chitoro chine madhipatimendi

department store

panotengeswa hove

fishmonger's

nzimbo ine zvitoro

shopping centre

chiteshi chengarava

harbour

paki

park

bhenji

bench

bhiriji

bridge

masitepisi

stairs

nzira inoenda nepasi

underground

mugwagwa wepasi

tunnel

panokwirirwa mabhazi

bus stop

bhawa

bar

resitorendi

restaurant

bhokisi retsamba

postbox

chikwangwani
chemugwagwa
street sign

mita yekupaka

parking meter

munochengeterwa mhuka

zoo

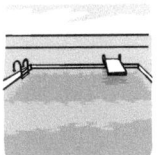

kunotuhwinirwa

swimming pool

mosque

mosque

purazi

farm

kusvibisa

pollution

kumakuva

graveyard

chechi

church

pekutambira

playground

temberi

temple

mamiriro akaita nzvimbo
landscape

shizha
leaf

chikwangwani
signpost

nzira
way

mafuro
meadow

dombo
stone

mufambi
hiker

muti
tree

rwizi
river

uswa
grass

ruva
flower

mupata

valley

gomo

hill

dhamu

lake

sango

forest

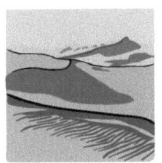

gwenga

desert

chikwatamabwe

volcano

zimba

castle

muraraungu

rainbow

hohwa

mushroom

muchindwe

palm tree

umhutu

mosquito

nhunzi

fly

svosve

ant

nyuchi

bee

buve

spider

chipembenene

beetle

datya

frog

tsindi

squirrel

nungu

hedgehog

tsuro

hare

zizi

owl

shiri

bird

swan

swan

nguruve yemusango

boar

nondo

deer

moose

moose

dhamu

dam

injini yemhepo

wind turbine

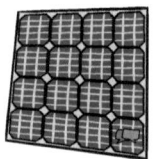

panero rezuva

solar panel

mamiriro ekunze

climate

resitorendi
restaurant

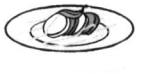

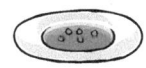

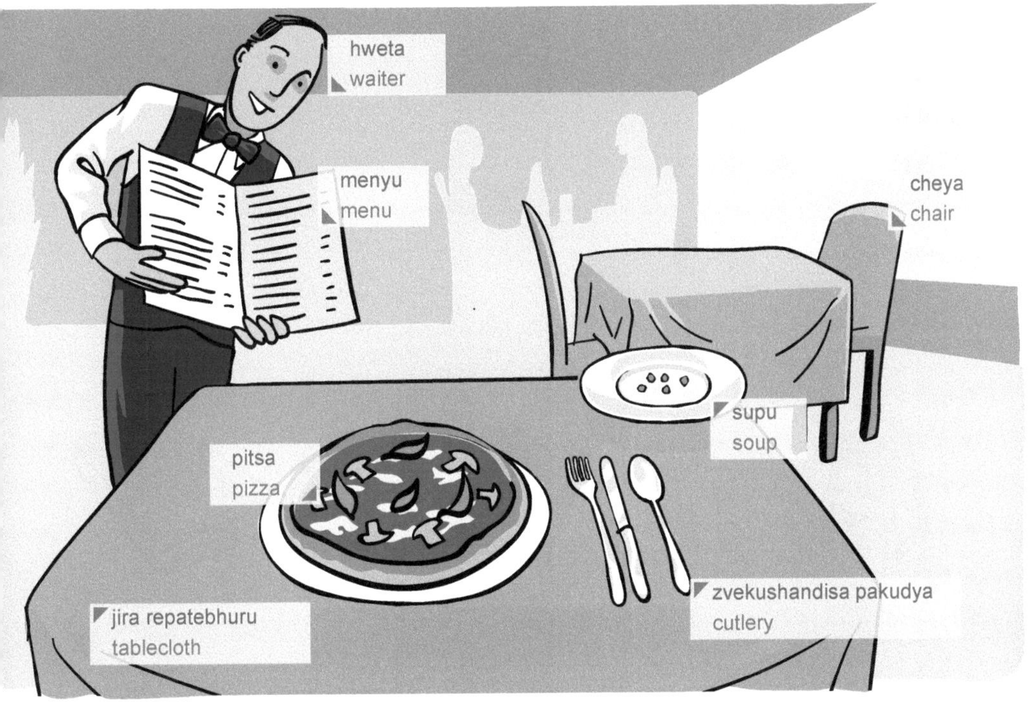
hweta
waiter
menyu
menu
cheya
chair
supu
soup
pitsa
pizza
jira repatebhuru
tablecloth
zvekushandisa pakudya
cutlery

zvekusosa nzara
starter

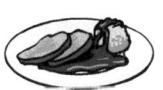

zvekudya
main course

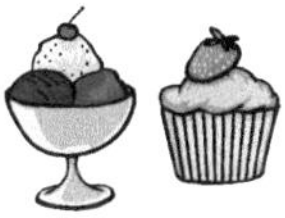

zvekuseredzera
dessert

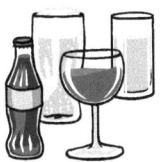

zvekunwa
drinks

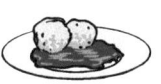

zvekudya
food

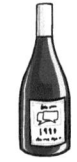

bhodhoro
bottle

zvekudya zvisingatori nguva
kubika

fast food

chikafu chinotengeswa
munzira

street food

tipoti

teapot

gabha reshuga

sugar bowl

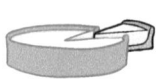

chidimbu

portion

muchina wekofi

espresso machine

cheya yemwana

high chair

bhiri

bill

tureyi

tray

banga

knife

forogo

fork

chipunu

spoon

chipunu

teaspoon

zvekupukutisa muromo

serviette

girazi

glass

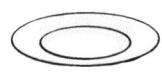

ndiro

plate

ndiro yesupu

soup plate

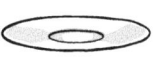

ndiro

saucer

supu

sauce

chekuisira sauti

salt pot

chekugaya mhiripiri

pepper mill

vhiniga

vinegar

mafuta

oil

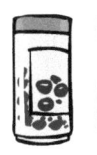

masipaisi

spices

ketchup

ketchup

mustard

mustard

mayonaizi

mayonnaise

supamaketi
supermarket

zvaderedzwa mitengo
special offer
FOR
mutengi
customer
zvinogadzirwa nemukaka
dairy
michero
fruit
chingoro
trolley

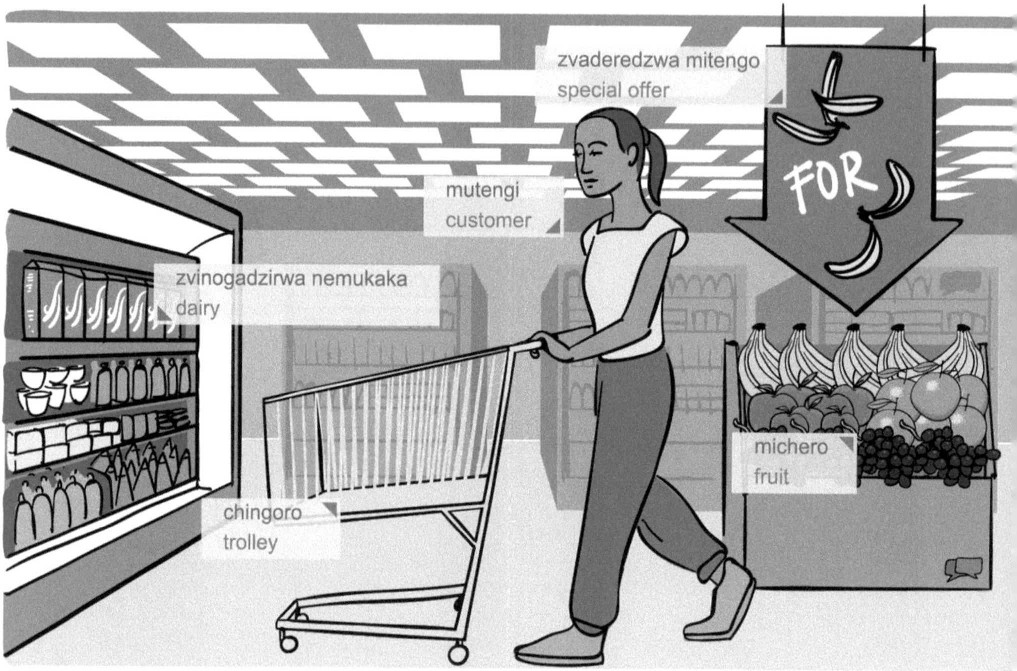

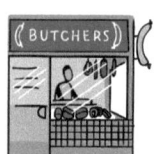

BUTCHERS

panotengeswa nyama

butcher´s

BAKERY

panotengeswa chingwa

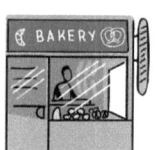

baker´s

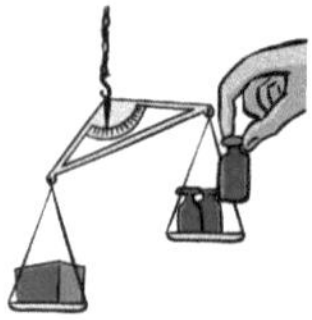

kuyera

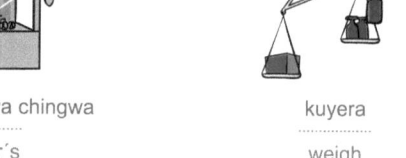

weigh

miriwo

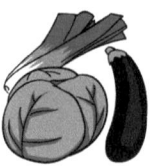

vegetables

nyama

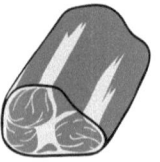

meat

zvekudya zvakaoma nechando

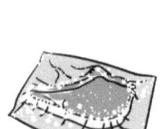

frozen food

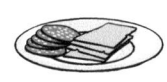

nyama yakatonhora

cold meat

zvekudya zvemugaba

tinned food

sipo yeupfu yekuwachisa

washing powder

masuwiti

sweets

zvekushandisa mumba

household products

zvekuchenesa nazvo

cleaning products

mutengesi

salesperson

tiru

till

mutengesi

cashier

zviri kuda kutengwa

shopping list

nguva dzekuvhura

opening hours

chikwama

wallet

kadhi rekubhengi

credit card

bhegi

bag

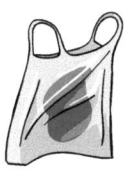

pepa rekuisira

plastic bag

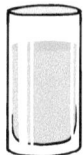

mvura

water

muto wemichero

juice

mukaka

milk

coke

coke

waini

wine

doro

beer

doro

alcohol

cocoa

cocoa

tii

tea

kofi

coffee

kofi

espresso

cappuccino

cappuccino

bhanana

banana

apuro

apple

orenji

orange

nwiwa

melon

ndimu

lemon

karotsi

carrot

gariki

garlic

mushenjere

bamboo

hanyanisi

onion

hohwa

mushroom

nzungu

nuts

manoodle

noodles

spaghetti

spaghetti

mupunga

rice

saradhi

salad

machipisi

chips

mbatatisi dzakafuraiwa

fried potatoes

pitsa

pizza

chingwa chakaruma nyama

hamburger

sangweji

sandwich

nhindi

cutlet

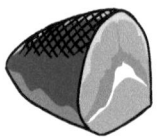

ham

ham

salami

salami

soseji

sausage

huku

chicken

gochwa

roast

hove

fish

bota reoats

porridge oats

muesli

muesli

macornflake

cornflakes

furawa

flour

croissant

croissant

chingwa

bread roll

chingwa

bread

chingwa chakagochwa

toast

mabhisikiti

biscuits

bhata

butter

ige

curd

keke

cake

zai

egg

zai rakafuraiwa

fried egg

chizi

cheese

aizikirimu

ice cream

shuga

sugar

huchi

honey

jemu

jam

chocolate yekuzora

chocolate spread

curry

curry

zvekudya - food

purazi
farm

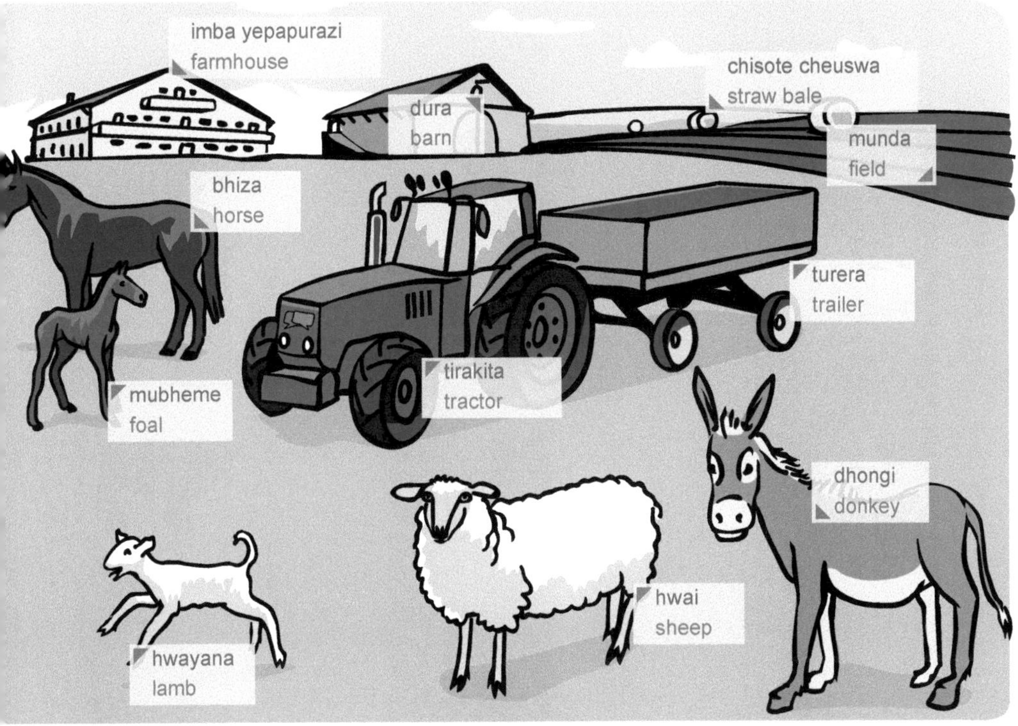

imba yepapurazi
farmhouse
chisote cheuswa
straw bale
dura
barn
munda
field
bhiza
horse
turera
trailer
mubheme
foal
tirakita
tractor
dhongi
donkey
hwai
sheep
hwayana
lamb

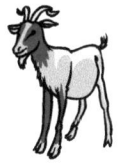

mbudzi
goat

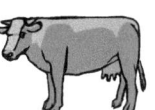

mhou
cow

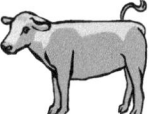

mhuru
calf

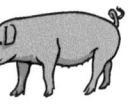

nguruve
pig

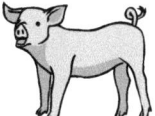

chigwi
piglet

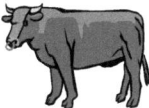

bhuru
bull

dhadha

goose

dhakisi

duck

nhiyo

chick

tseketsa

hen

jongwe

cock

gonzo

rat

katsi

cat

mbeva

mouse

dhonza

ox

imbwa

dog

imba yembwa

doghouse

pombi yemvura

garden hose

keni yekudiridzisa

watering can

jeko

scythe

gejo

plough

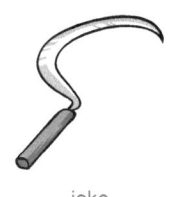

jeko
sickle

badza
hoe

forogo
pitchfork

demo
axe

bhara
wheelbarrow

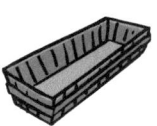

chidyiro
trough

bhodhoro remukaka
milk can

saga
sack

fenzi
fence

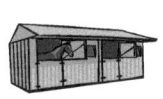

danga
stable

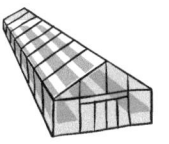

greenhouse
greenhouse

ivhu
soil

mbeu
seed

fetereza
fertilizer

mota yekukohwesa
combine harvester

kukohwa

harvest

gohwo

harvest

mbatatisi

yams

gorosi

wheat

soya

soy

mbatatisi

potato

chibage

corn

rapeseed

rapeseed

muti wemichero

fruit tree

mufarinya

cassava

mbesa

cereals

imba
house

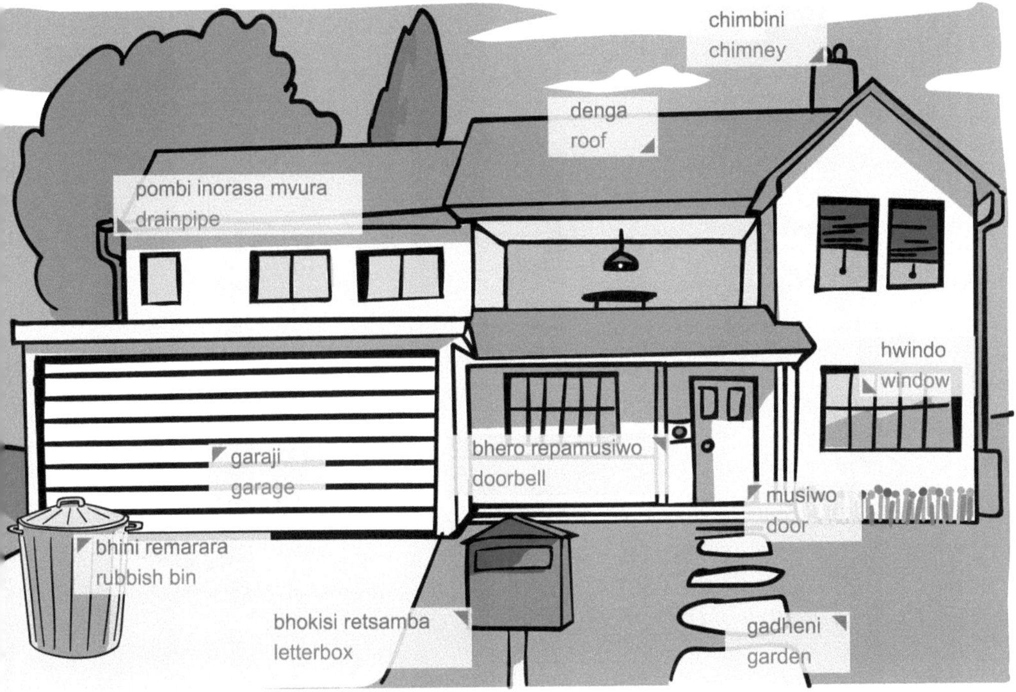
chimbini
chimney
denga
roof
pombi inorasa mvura
drainpipe
hwindo
window
garaji
garage
bhero repamusiwo
doorbell
musiwo
door
bhini remarara
rubbish bin
bhokisi retsamba
letterbox
gadheni
garden

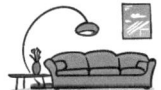

imba yekutandarira

living room

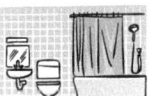

mekugezera

bathroom

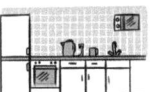

kicheni

kitchen

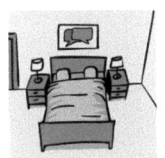

imba yekurara

bedroom

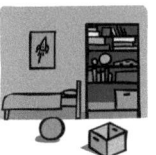

imba yemwana

child's room

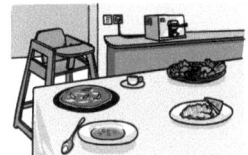

imba yekudyira

dining room

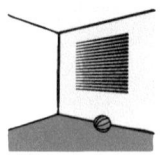

uriri
floor

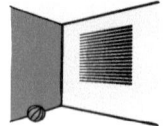

madziro
wall

denga
ceiling

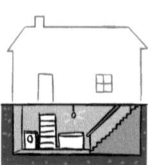

imba yepasi
cellar

sauna
sauna

vharanda repadenga
balcony

uriri hwepadenga
terrace

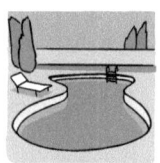

dziva rekushambira
pool

muchina wekuchekesa uswa
lawn mower

jira
sheet

chekufukidza mubhedha
bedspread

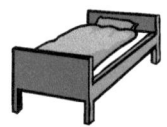

mubhedha
bed

bhurumu
broom

bhaketi
bucket

suwichi
switch

imba yekutandarira
living room

pepa remadziro
wallpaper
pikicha
picture
rambi
lamp
sherufu
shelf
kabhati
cupboard
TV
television
nzvimbo yemoto
fireplace
ruva
flower
kusheni
cushion
sofa
sofa
vhazi
vase
rimoti
remote control

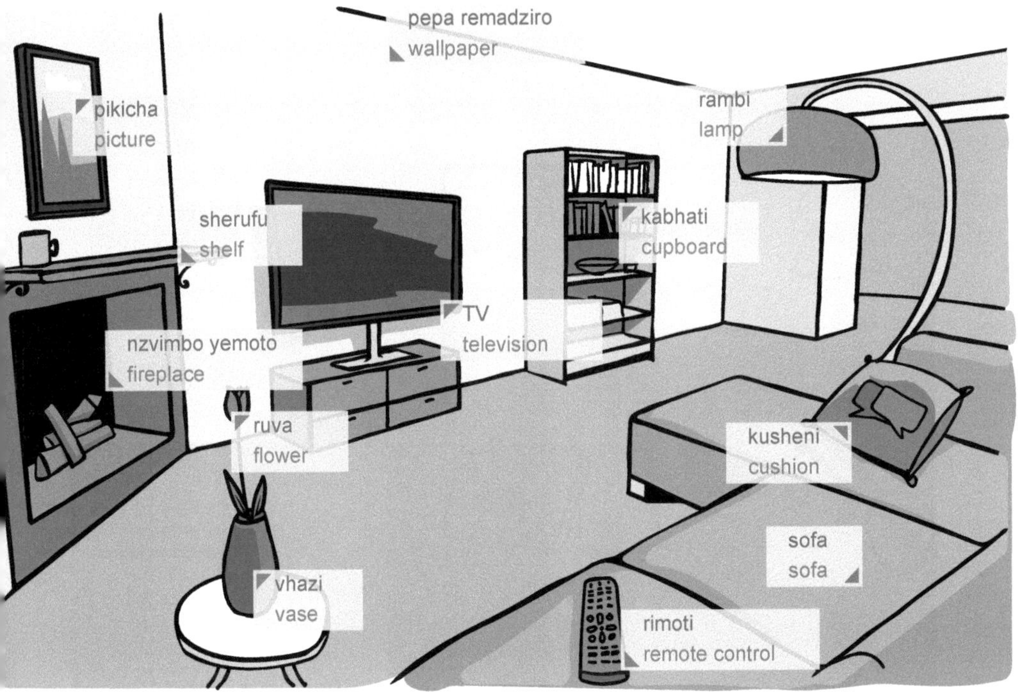

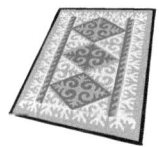

kapeti

carpet

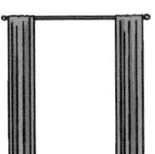

keteni

curtain

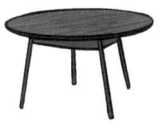

tebhuru

table

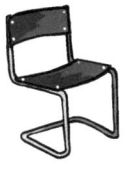

cheya

chair

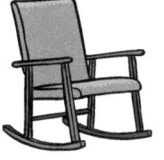

cheya inozeya

rocking chair

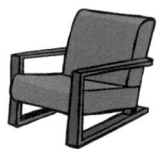

cheya ine pekuisa maoko

armchair

bhuku

book

gumbeze

blanket

marongedzero

decoration

huni

firewood

firimu

film

redhiyo yehi-fi

hi-fi equipment

kii

key

pepanhau

newspaper

mufananidzo

painting

posita

poster

redhiyo

radio

pekunyorera

notepad

muchina wekuhuvhisa

hoover

chinanazi

cactus

kenduru

candle

kicheni
kitchen

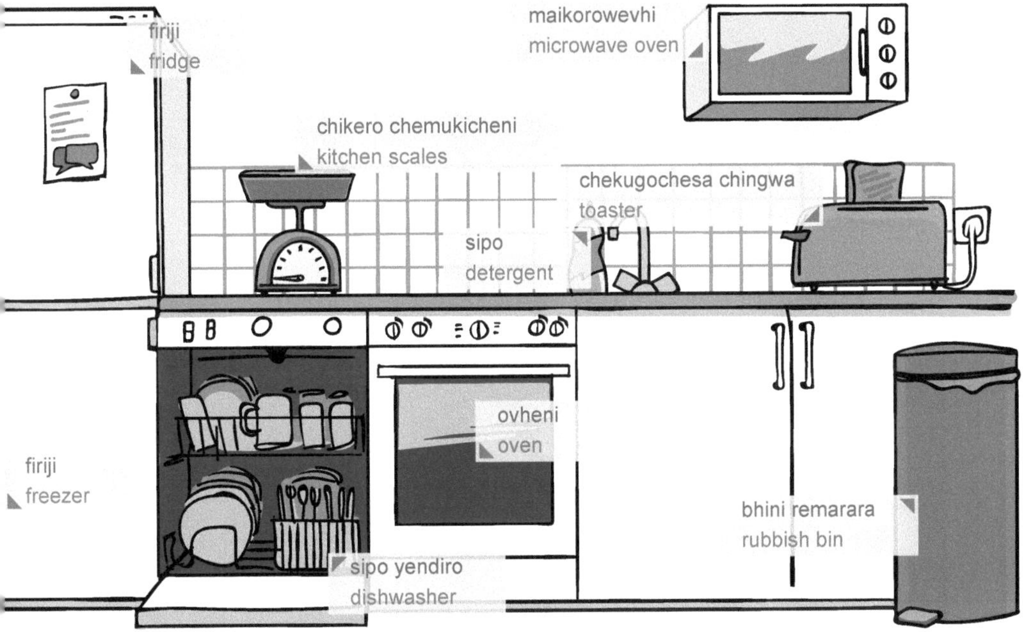

firiji
fridge
maikorowevhi
microwave oven
chikero chemukicheni
kitchen scales
chekugochesa chingwa
toaster
sipo
detergent
ovheni
oven
firiji
freezer
bhini remarara
rubbish bin
sipo yendiro
dishwasher

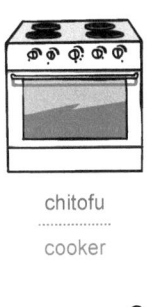

chitofu
cooker

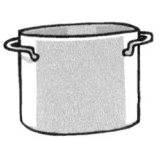

poto
pot

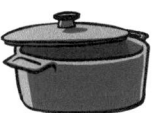

poto yesimbi
cast-iron pot

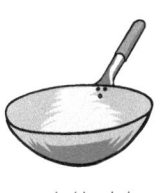

wok / kadai
wok / kadai

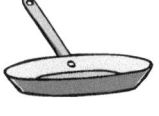

pani
pan

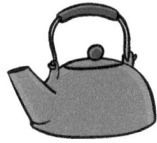

ketero
kettle

chekubikisa neutsi
hwemvura
steamer

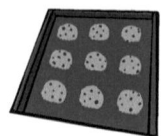

turei yekubhekesa
baking tray

ndiro
crockery

kapu
mug

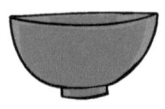

dishi
bowl

tumiti twekudyisa
chopsticks

chipunu
ladle

chipunu
spatula

chekusanganisisa
whisk

chekukunisa
strainer

chekukunisa
sieve

chekugiretesa
grater

duri
mortar

chiwaya
barbecue

moto
open fire

chekuchekera

chopping board

chekutsimbiririsa
mukanyiwa

rolling pin

chekuvhurisa mabhodhoro
ewaini

corkscrew

tini

can

chekuvhurisa tini

can opener

girovhosi rekubatisa
zvinopisa

pot holder

singi

sink

bhurasho

brush

chipanji

sponge

chinosanganisa

blender

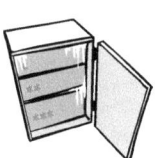

firiji

deep freezer

bhodhoro remwana

baby bottle

pombi

tap

mekugezera
bathroom

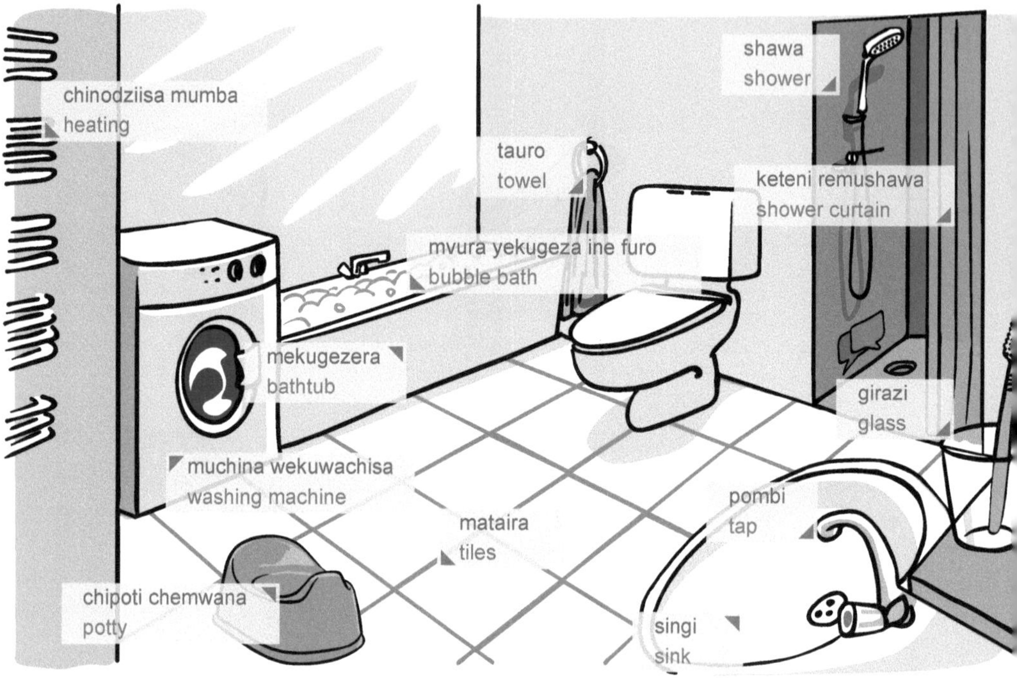

chinodziisa mumba
heating
shawa
shower
tauro
towel
keteni remushawa
shower curtain
mvura yekugeza ine furo
bubble bath
mekugezera
bathtub
girazi
glass
muchina wekuwachisa
washing machine
pombi
tap
mataira
tiles
chipoti chemwana
potty
singi
sink

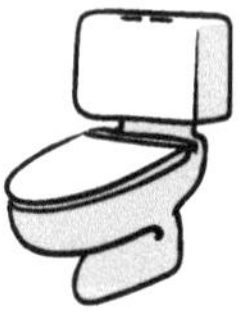

toireti

toilet

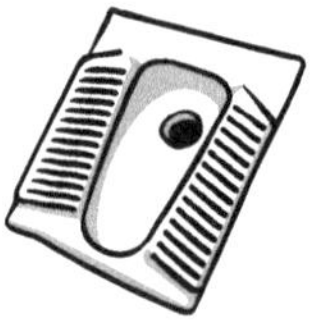

toireti yegomba

squat toilet

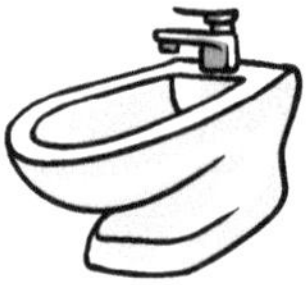

chemba

bidet

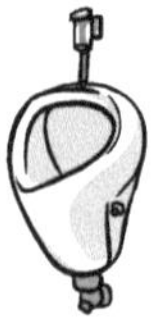

chekuitira weti chevarume

urinal

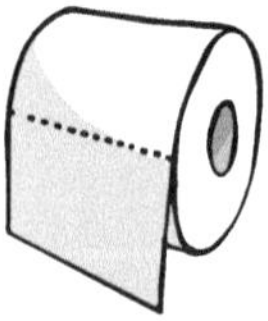

pepa remutoireti

toilet paper

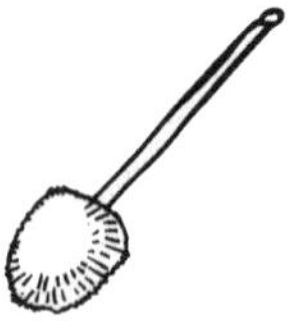

bhurasho remutoireti

toilet brush

bhurasho remazino

toothbrush

mushonga wemazino

toothpaste

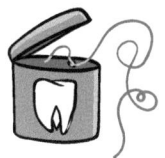

tambo yekugezesa mazino

dental floss

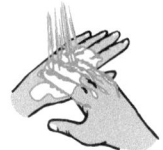

kugeza

wash

shawa yekuita zvekubata

handheld shower

douche

douche

bheseni

basin

bhurasho remusoro

back brush

sipo

soap

ipo yekugezesa mushawa

shower gel

shambuu

shampoo

chekugezesa

flannel

dhireni

drain

mafuta

cream

chinonhuwirira

deodorant

girazi

mirror

girazi remumaoko

hand mirror

chekugeresa ndebvu

razor

furo rekugeresa ndebvu

shaving foam

mafuta ekuzora wagera ndebvu

aftershave

kamu

comb

bhurasho

brush

chekuomesa bvudzi

hair dryer

mushonga wekupfapfaidza musoro

hairspray

zvekupodesa

makeup

chekupendesa muromo

lipstick

chekupendesa nzara

nail varnish

donje

cotton wool

chigero chenzara

nail scissors

pefiyumu

perfume

bhegi rezvekugezesa

washbag

chituro

stool

chikero

weighing scale

bathrobe

bathrobe

magirovhosi erabha

rubber gloves

tampon

tampon

pedhi

sanitary towel

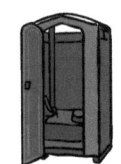

toireti inotakurwa

chemical toilet

imba yemwana

child's room

wachi
alarm clock
chitoyi chekurara nacho
cuddly toy
mota yekutambisa
toy car
hosho
rattle
kamba kezvidhori
doll's house
chipo
present

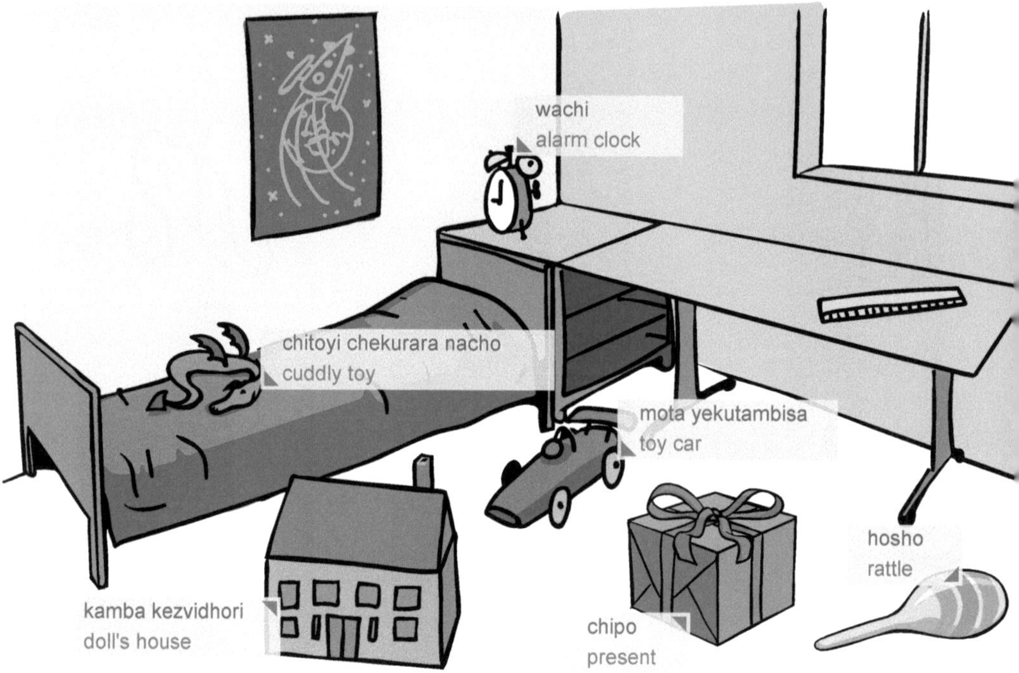

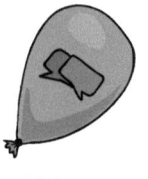

chibharuma

balloon

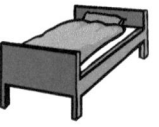

mubhedha

bed

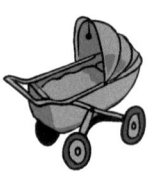

purema

pram

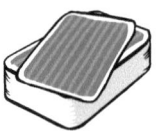

makadhi ekutamba

deck of cards

puzzle

jigsaw

SUPER MEGA

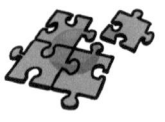

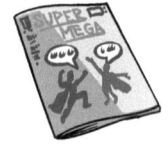

makatuni ekuverenga

comic

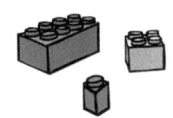

zvekuvakisa zvinhu

lego bricks

mabhuroko ekuvakisa

building blocks

chidhori

action figure

babygrow

babygrow

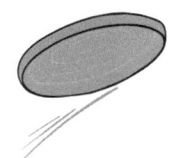

chekutambisa uchikanda

frisbee

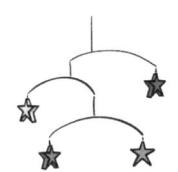

zvekuvaraidza mwana

mobile

gemu rinotambirwa pabhodhi

board game

dhaisi

dice

zvitima zvekutambisa

model train set

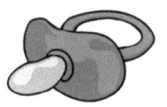

chidhami

dummy

mabiko

party

bhuku remapikicha

picture book

bhora

ball

chidhori

doll

kutamba

play

majecha ekutambira

sandpit

muzeerere

swing

zvekutambisa

toys

chekutambisa magemu
emavhidhiyo

video game console

kabhasikoro kemavhiri
matatu

tricycle

teddy bear

teddy bear

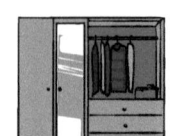

wadhiropu

wardrobe

zvipfeko
clothing

masokisi

socks

masokisi

stockings

matirauzi anobata muviri

tights

sikavha
scarf

bhandi
belt

amburera
umbrella

t-sheti
t-shirt

bhutsu
trainers

majombo
boots

bhutsu
slippers

masanduru
sandals

bhutsu
shoes

magambutsu
rubber boots

nduwe
underpants

bhodhi
bra

vhesi
vest

muviri

body

tirauzi

trousers

jini

jeans

siketi

skirt

bhurauzi

blouse

hembe

shirt

bhachi

pullover

chibhachi

hoodie

bhachi

blazer

bhachi

jacket

jasi

coat

renikoti

raincoat

koshitomu

costume

dhirezi

dress

dhirezi remuchato

wedding dress

sutu

suit

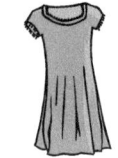

hembe yekurarisa

nightgown

mapijama

pyjamas

chari

sari

headscarf

headscarf

heti

turban

burqa

burqa

kaftan

kaftan

abaya

abaya

hembe yekutuhwinisa

swimsuit

chikabudura

trunks

chikabudura

shorts

tirekisutu

tracksuit

apuroni

apron

magirovhosi

gloves

bhatani
button

magirazi
glasses

bhenguru
bracelet

chuma
necklace

rin'i
ring

mhete
earring

kepisi
cap

hen'a
coat hanger

heti
hat

tai
tie

zipi
zip

herumeti
helmet

mabhandi
braces

yunifomu yekuchikoro
school uniform

yunifomu
uniform

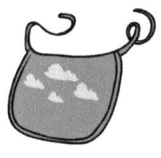

chibhibhi

bib

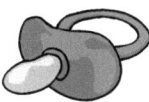

chidhami

dummy

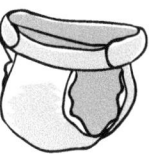

napukeni

nappy

hofisi

office

server
server
kabhineti
filing cabinet
muchina wekuprindisa
printer
pepa
paper
sikirini
monitor
mouse
mouse
tafura
desk
fayera
folder
keyboard
keyboard
bhini remapepa
waste-paper basket
kombiyuta
computer
cheya
chair

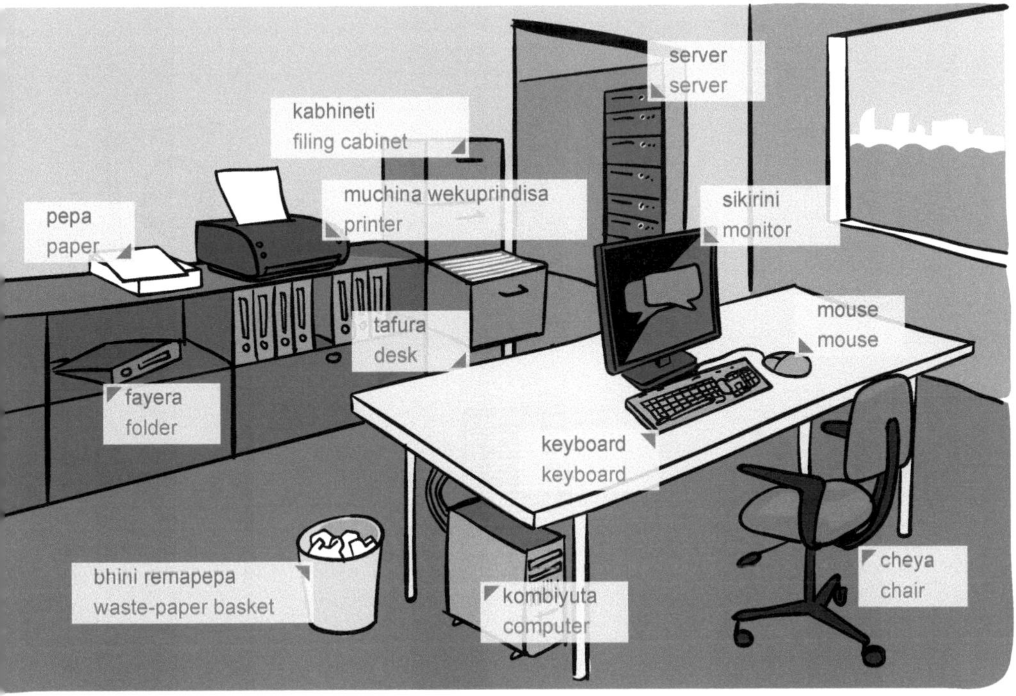

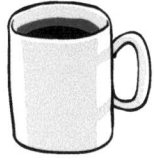

kapu yekofi

coffee mug

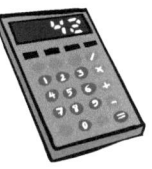

kakureta

calculator

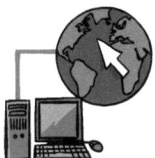

indaneti

internet

laptop

laptop

tsamba

letter

tsamba

message

serura

mobile

network

network

muchina wekufotokopesa

photocopier

software

software

foni

telephone

pekupfekera magetsi

plug socket

muchina wefax

fax machine

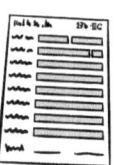

fomu

form

gwaro

document

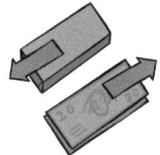

kutenga

buy

kubhadhara

pay

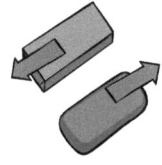

kutengesa

trade

mari

money

Dhora

dollar

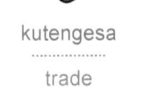 

Euro

euro

Yen

yen

rouble

rouble

Swiss franc

Swiss franc

renminbi yuan

renminbi yuan

rupee

rupee

panobhadharwa

cashpoint

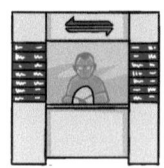

panochinjwa mari

bureau de change

goridhe

gold

sirivha

silver

mafuta

oil

magetsi

energy

mutengo

price

chibvumirano

contract

mutero

tax

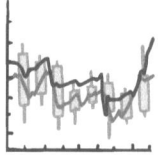

masitoku

stock

kushanda

work

mushandi

employee

mushandirwi

employer

fekitari

factory

chitoro

shop

mabasa
occupations

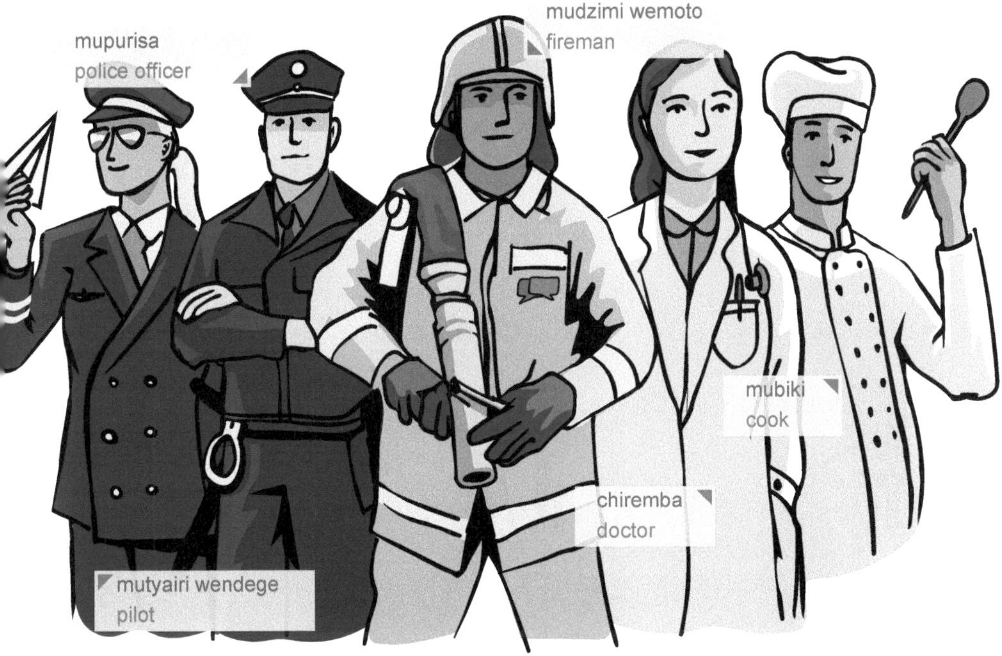

mupurisa
police officer
mudzimi wemoto
fireman
mubiki
cook
chiremba
doctor
mutyairi wendege
pilot

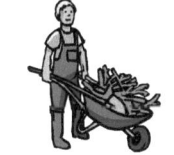

mushandi wemugadheni

gardener

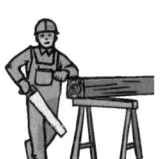

muvezi

carpenter

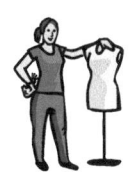

mukadzi anosona

seamstress

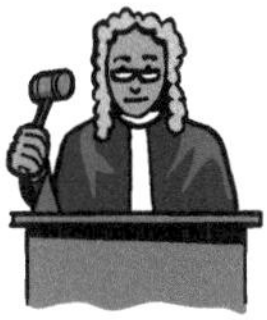

mutongi

judge

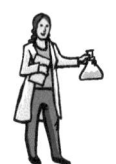

anoita zvemishonga

chemist

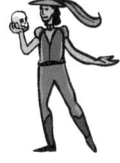

ekita

actor

mutyairi webhazi

bus driver

mutyairi wetaxi

taxi driver

muredzi

fisherman

mudzimai anochenesa

cleaning lady

anogadzira denga

roofer

hweta

waiter

muvhimi

hunter

anopenda

painter

mubiki wechingwa

baker

mugadziri wemagetsi

electrician

muvaki

builder

injiniya

engineer

mushandi wemubhucha

butcher

puramba

plumber

positimeni

postman

musoja

soldier

anoita mapurani edzimba

architect

mutengesi

cashier

mugadziri wemaruva

florist

mugadziri wemusoro

hairdresser

kondakita

conductor

makanika

mechanic

kaputeni

captain

chiremba wemazino

dentist

musayindisti

scientist

rabbi

rabbi

imam

imam

mumonk

monk

mufundisi

clergyman

maturusi

tools

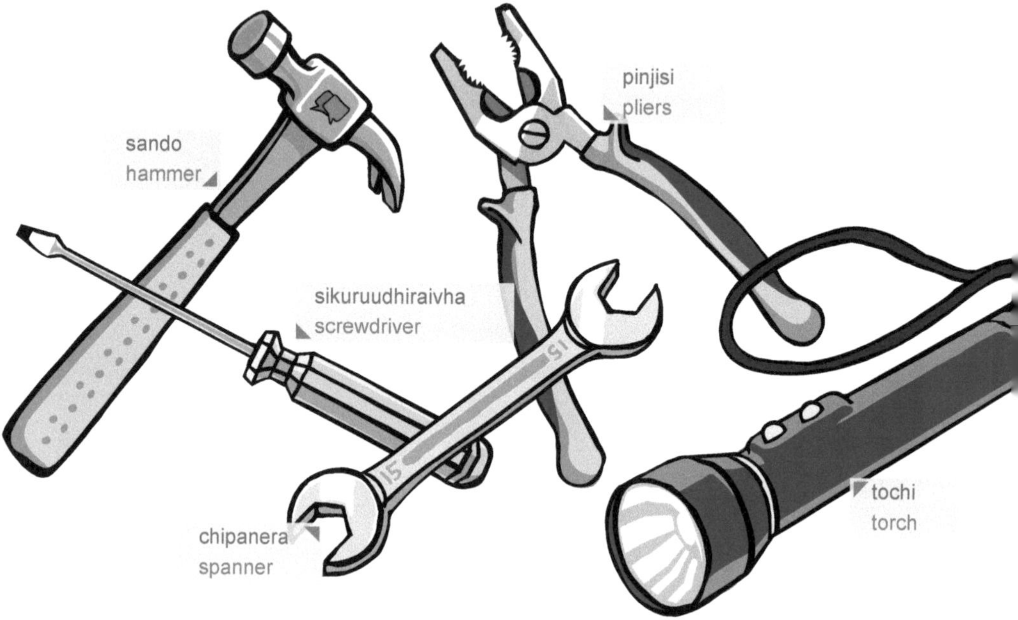
sando
hammer
pinjisi
pliers
sikuruudhiraivha
screwdriver
chipanera
spanner
tochi
torch

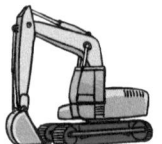

chikatapira

digger

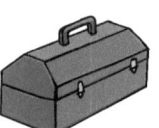

bhokisi rematurusi

toolbox

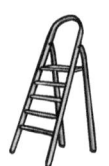

manera

ladder

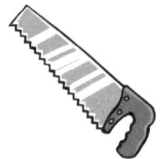

saha

saw

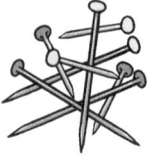

zvipikiri

nails

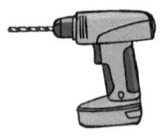

chibooreso

drill

kugadzira
repair

foshoro
shovel

Nxa!
Damn!

chidyoreso
dustpan

gaba rependi
paint pot

masikuruu
screws

zviridzwa
musical instruments

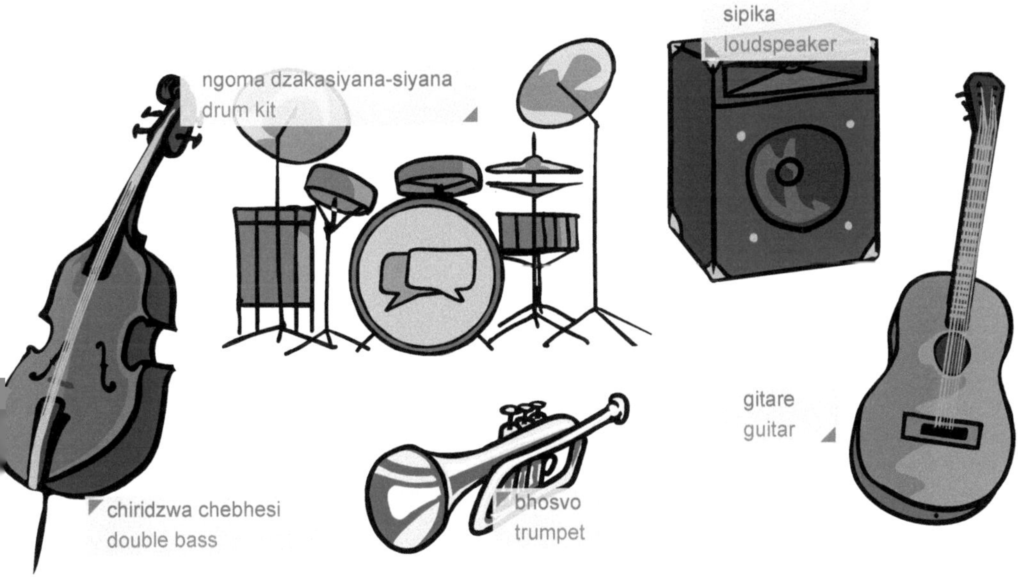

ngoma dzakasiyana-siyana
drum kit

sipika
loudspeaker

gitare
guitar

chiridzwa chebhesi
double bass

bhosvo
trumpet

piyano

piano

violin

violin

gitare rebhesi

bass

ngoma

timpani

ngoma

drums

piyano yemagetsi

keyboard

saxophone

saxophone

nyere

flute

maikorofoni

microphone

zviridzwa - musical instruments

munochengeterwa mhuka

zoo

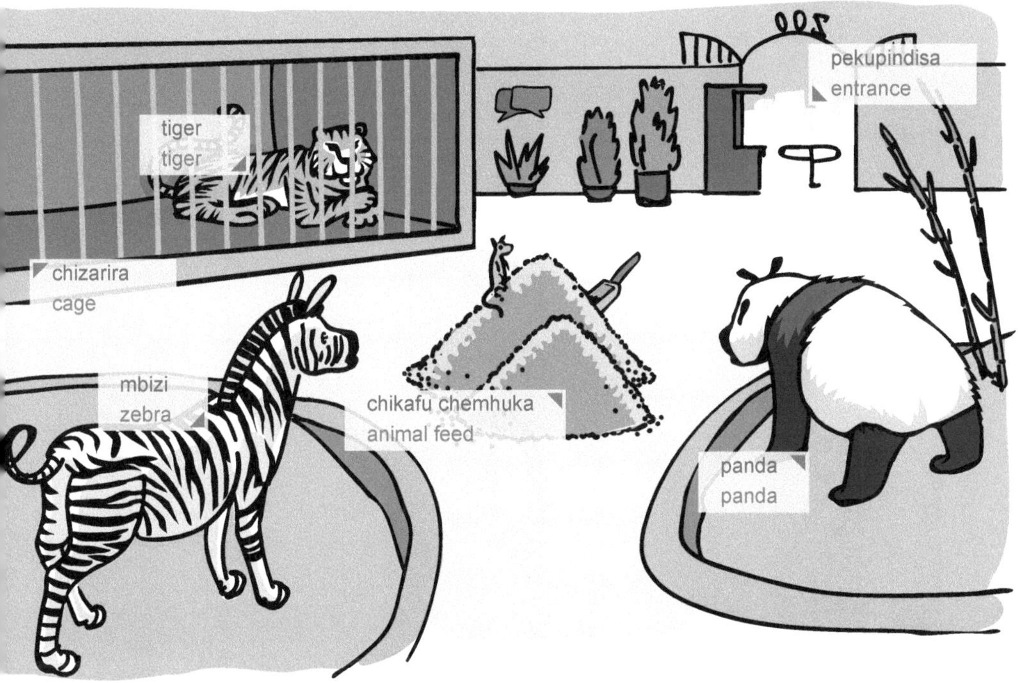

pekupindisa
entrance
tiger
tiger
chizarira
cage
mbizi
zebra
chikafu chemhuka
animal feed
panda
panda

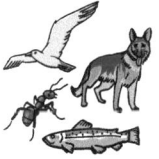

mhuka

animals

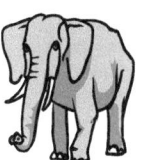

nzou

elephant

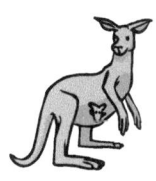

kangaruru

kangaroo

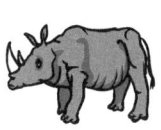

chipembere

rhino

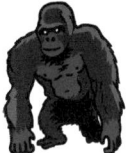

gorilla

gorilla

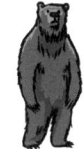

bear

bear

ngamera

camel

mhou

ostrich

shumba

lion

tsoko

monkey

flamingo

flamingo

parrot

parrot

bear rekuchando

polar bear

penguin

penguin

shark

shark

pikoko

peacock

nyoka

snake

garwe

crocodile

muchengeti wenzvimbo
yemhuka

zookeeper

seal

seal

jaguar

jaguar

nyurusi

pony

ingwe

leopard

mvuu

hippo

twiza

giraffe

gondo

eagle

nguruve yemusango

boar

hove

fish

kamba

turtle

walrus

walrus

gava

fox

nhoro

gazelle

bhora rekuAmerica
American football

kuchovha
cycling

tenisi
tennis

bhora rebhasiketi
basketball

kutuhwina
swimming

hockey yemuchando
ice hockey

tsiva
boxing

nhabvu
football

badminton
badminton

zvekumhanya
athletics

bhora remaoko
handball

kuita ski
skiing

polo
polo

kuseka
laugh

kusvetuka
jump

kumbundira
hug

kufamba
walk

kuimba
sing

kurota
dream

kunyengetera
pray

kutsvoda
kiss

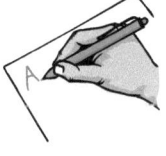

nyora

write

kudhirowa

draw

kuratidza

show

kusunda

push

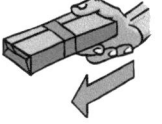

kupa

give

kutora

take

kuva ne

have

kuita

do

kuva

be

kumira

stand

kumhanya

run

kudhonza

pull

kukanda

throw

kudonha

fall

kurara

lie

kumirira

wait

kutakura

carry

kugara

sit

kupfeka

get dressed

kurara

sleep

kumuka

wake up

kutarisa

look at

kuchema

cry

kupuruzira

stroke

kukama

comb

kutaura

talk

kunzwisisa

understand

kubvunza

ask

kuteerera

listen

kunwa

drink

kudya

eat

kuchenesa

tidy up

kuda

love

kubika

cook

kutyaira

drive

kubhururuka

fly

kufambiswa nemhepo

sail

kakureta

calculate

kuverenga

read

kudzidza

learn

kushanda

work

kuroora / kuroorwa

marry

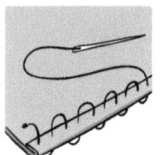

kusona

sew

kukwesha mazino

brush teeth

kuuraya

kill

kuputa

smoke

kutumira

send

mhuri
family

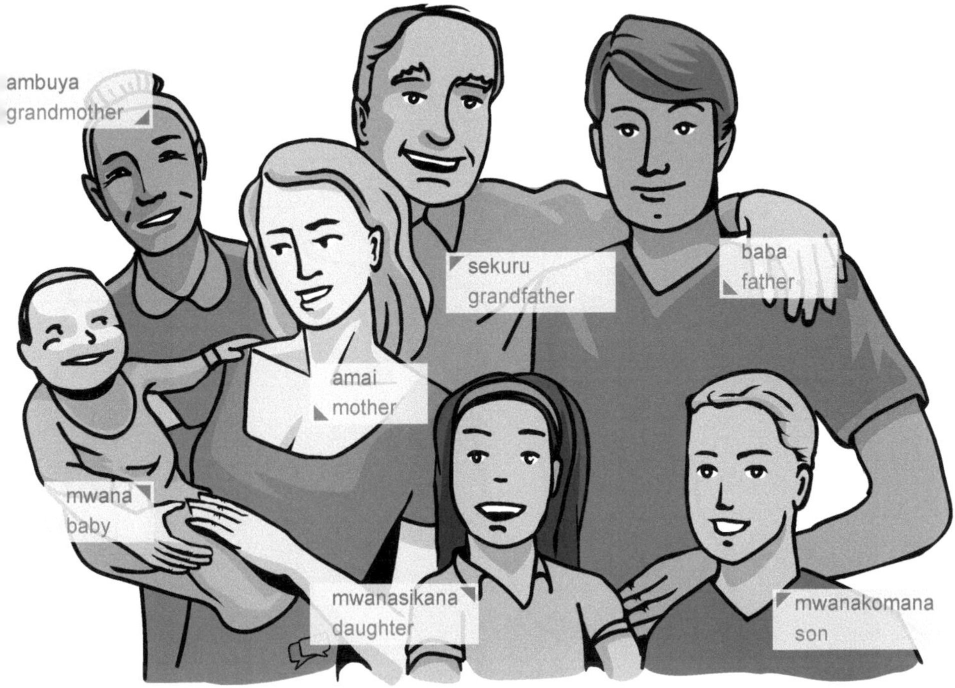
ambuya
grandmother
sekuru
grandfather
baba
father
amai
mother
mwana
baby
mwanasikana
daughter
mwanakomana
son

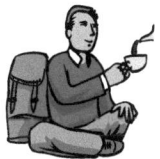

muenzi
guest

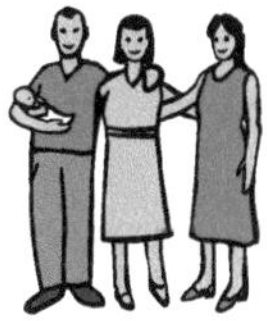

tete
aunt

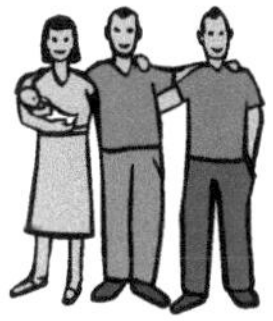

sekuru
uncle

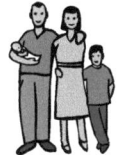

hanzvadzikomana
brother

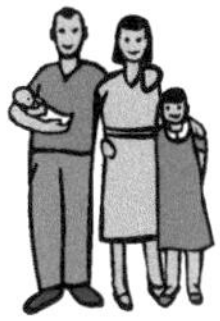

hanzvadzisikana
sister

muviri
body

huma
forehead
ziso
eye
bendekete
shoulder
munwe
finger
chiso
face
chirebvu
chin
ruoko
hand
gumbo
leg
chipfuva
breast
ruoko
arm

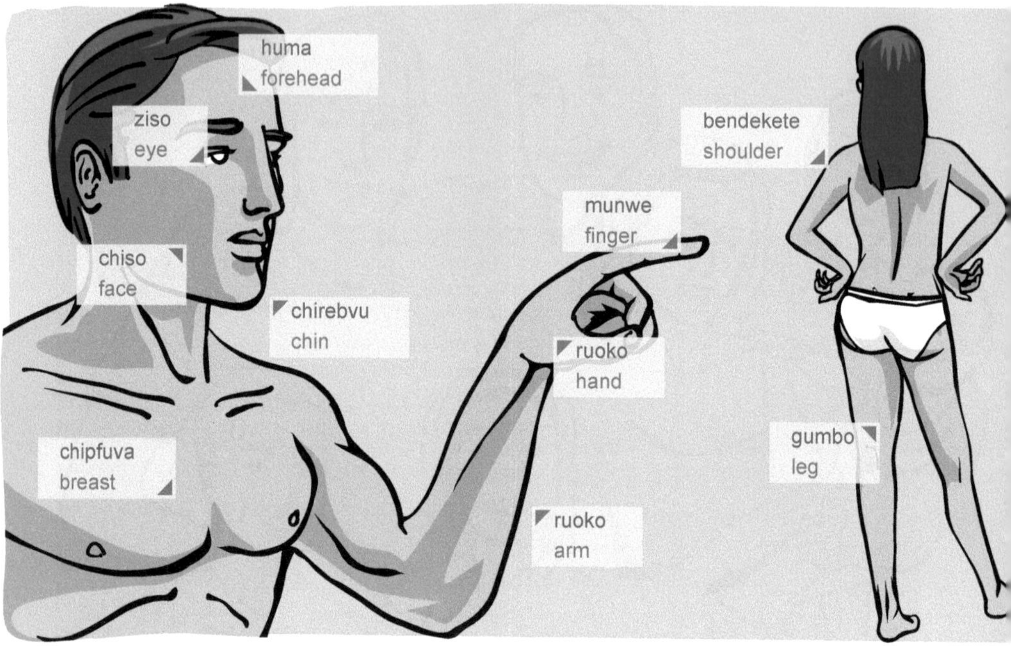

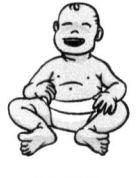

mwana
baby

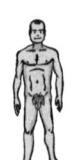

murume
man

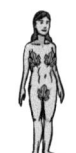

mukadzi
woman

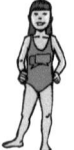

musikana
girl

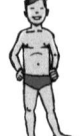

mukomana
boy

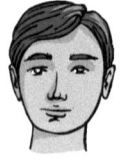

musoro
head

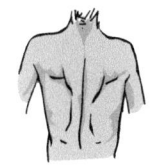

musana

back

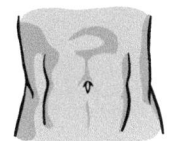

dumbu

belly

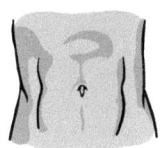

guvhu

belly button

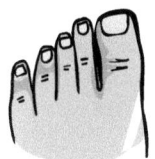

chigunwe

toe

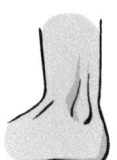

chitsitsinho

heel

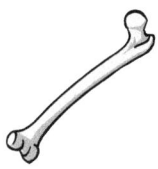

bhonzo

bone

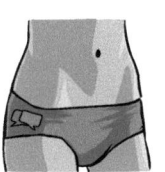

hudyu

hip

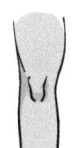

ibvi

knee

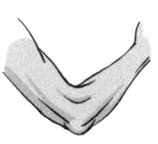

gokora

elbow

mhino

nose

garo

bottom

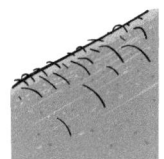

ganda

skin

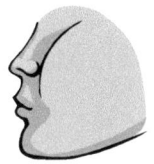

dama

cheek

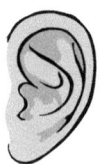

nzeve

ear

muromo

lip

mukanwa

mouth

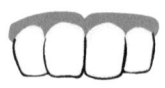

zino

tooth

rurimi

tongue

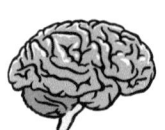

uropi

brain

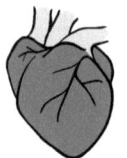

mwoyo

heart

tsandanyama

muscle

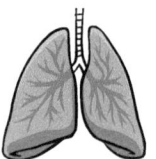

bapu

lung

chitaka

liver

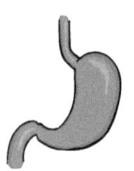

dumbu

stomach

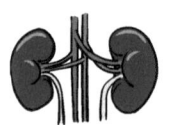

itsvo

kidneys

kuita bonde

sex

kondomu

condom

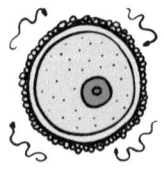

zai

ovum

urume

semen

nhumbu

pregnancy

muviri - body

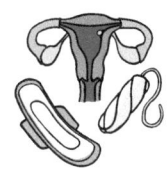

kuenda kumwedzi

menstruation

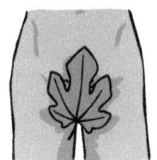

sikarudzi

vagina

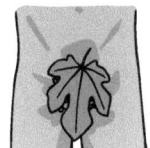

mboro

penis

tsiye

eyebrow

bvudzi

hair

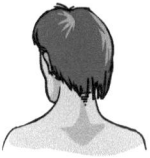

mutsipa

neck

chipatara

hospital

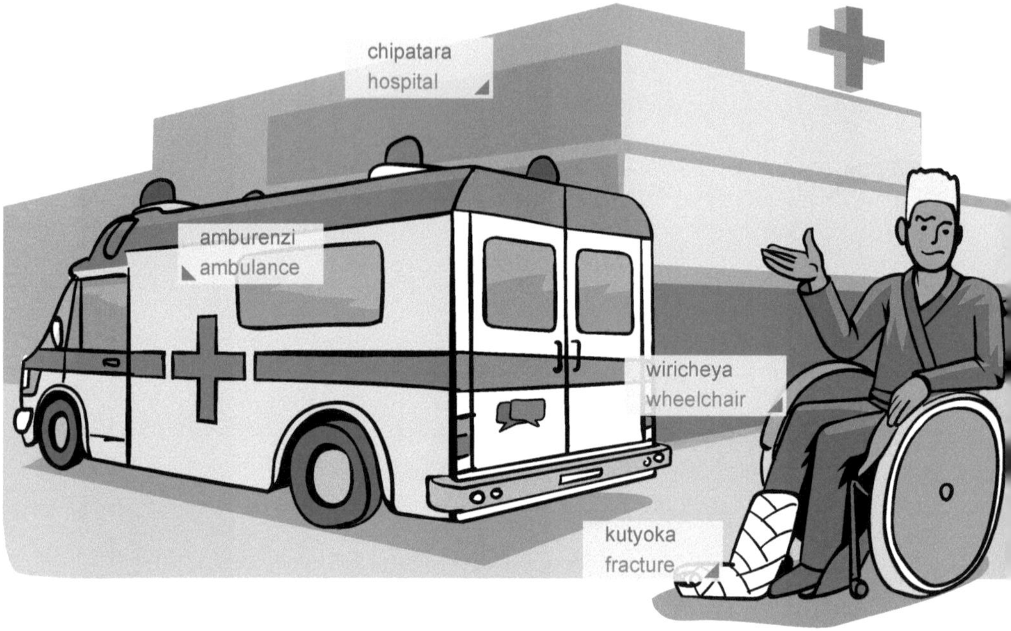

chipatara
hospital
amburenzi
ambulance
wiricheya
wheelchair
kutyoka
fracture

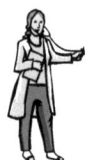

chiremba

doctor

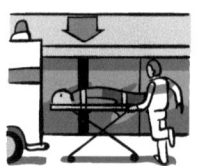

imba yerubatsiro

emergency room

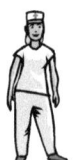

nesi

nurse

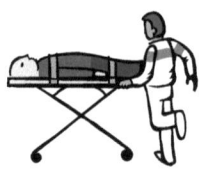

zvekukurumidza

emergency

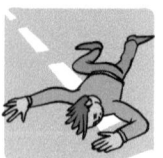

kufenda

unconscious

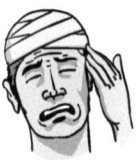

rwadza

pain

kukuvara

injury

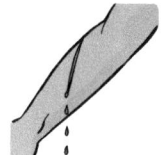

kubuda ropa

bleeding

kuerekana mwoyo usisashandi

heart attack

kuoma rutivi

stroke

zvinorwarisa

allergy

chikosoro

cough

fivha

fever

furuu

flu

manyoka

diarrhoea

kutemwa nemusoro

headache

mhuka

cancer

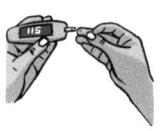

chirwere cheshuga

diabetes

muvhiyi

surgeon

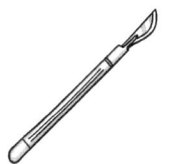

kabanga keoparesheni

scalpel

oparesheni

operation

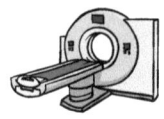

CT

CT

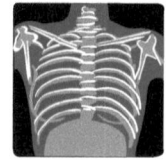

x-ray

x-ray

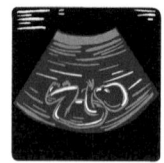

ultrasound

ultrasound

chekuvharisa mhino nemuromo

face mask

chirwere

disease

mekumirira kurapiwa

waiting room

chidhondoro

crutch

purasita

plaster

bhandiji

bandage

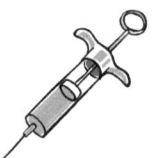

jekiseni

injection

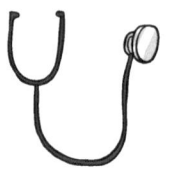

chekuteerera nacho mukati

stethoscope

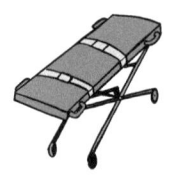

kamubhedha kemurwere

stretcher

chekutoresa nacho tembiricha

clinical thermometer

kuzvara

birth

kufuta

overweight

chekubatsira kunzwa

hearing aid

mushonga unouraya utachiona

disinfectant

utachiona

infection

vhairasi

virus

HIV / AIDS

HIV / AIDS

mushonga

medicine

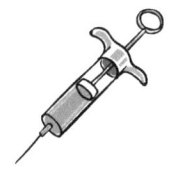

kudzivirira zvirwere

vaccination

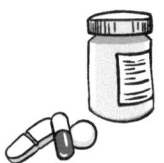

mapiritsi

tablets

piritsi

pill

kufonera rubatsiro ipapo ipapo

emergency call

muchina wekuyeresa BP

blood pressure monitor

kurwara / kugwinya

ill / healthy

Maiwe!

Help!

bhero

alarm

kurwisa

assault

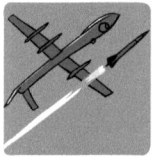

kurwisa

attack

ngozi

danger

pekupuda napo zvechimbi-
chimbi

emergency exit

Moto!

Fire!

chekudzimisa moto

fire extinguisher

tsaona

accident

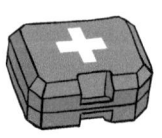

zvinhu zvefirst aid

first-aid kit

SOS

SOS

mapurisa

police

Europe

Europe

Kuchamhembe kweAmerica

North America

Kumaodzanyemba
kweAmerica
South America

Africa

Africa

Asia

Asia

Australia

Australia

Atlantic

Atlantic

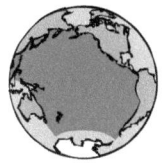

Pacific

Pacific

Nyanza yeIndia

Indian Ocean

Nyanza yeAntarctic

Antarctic Ocean

Nyanza yeArctic

Arctic Ocean

Kuchamhembe

North Pole

Kumaodzanyemba

South Pole

Antarctica

Antarctica

Nyika

Earth

nyika

land

gungwa

sea

chitsuwa

island

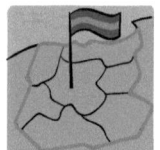

nyika

nation

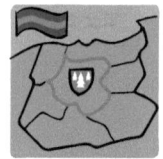

nyika

state

wachi

clock face

chinongedza awa

hour hand

chinongedza miniti

minute hand

chinongedza masekondi

second hand

Inguvai?

What time is it?

zuva

day

nguva

time

izvozvi

now

wachi yemanhamba

digital watch

miniti

minute

awa

hour

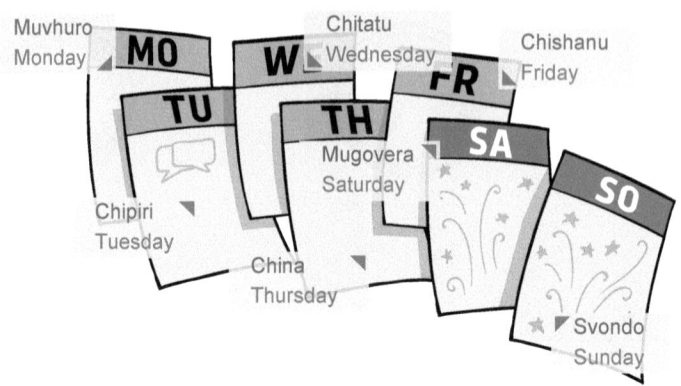

Muvhuro / Monday — MO
Chitatu / Wednesday — W
Chishanu / Friday — FR
TU
TH
Chipiri / Tuesday
Mugovera / Saturday — SA
China / Thursday
SO
Svondo / Sunday

nezuro

yesterday

nhasi

today

mangwana

tomorrow

mangwanani

morning

masikati

noon

manheru

evening

mazuva ebasa

business days

kupera kwevhiki

weekend

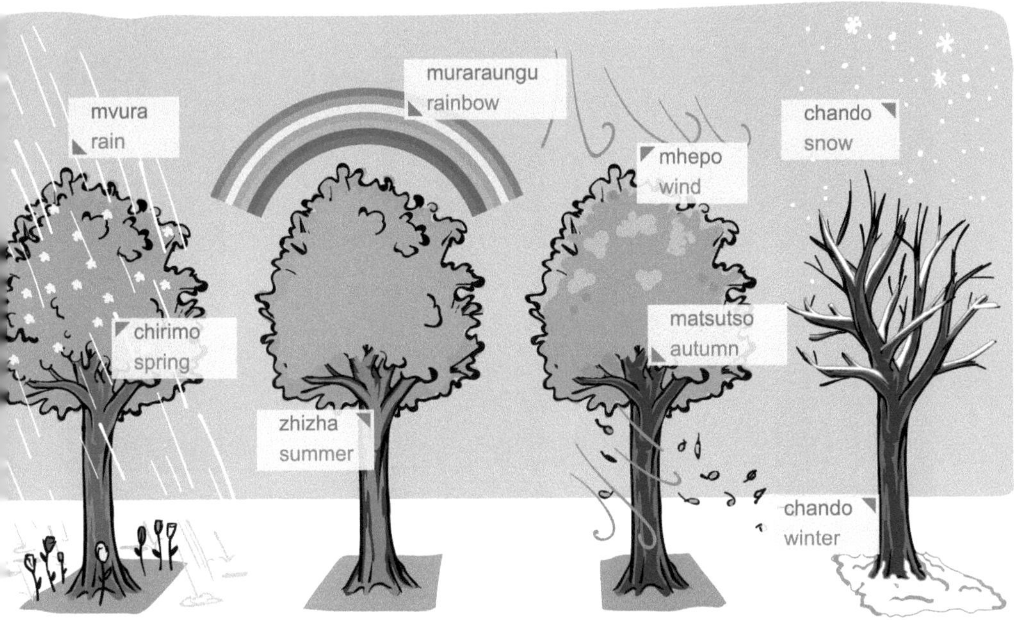

mvura
rain

muraraungu
rainbow

chando
snow

mhepo
wind

chirimo
spring

matsutso
autumn

zhizha
summer

chando
winter

mamiriro ekunze
anofungidzirwa
weather forecast

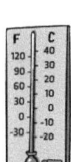

chekutoresa tembiricha
thermometer

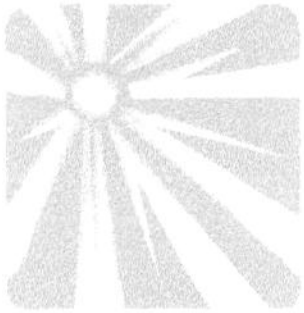

zuva
sunshine

makore
cloud

mhute
fog

hunyoro
humidity

mheni

lightning

kutinhira

thunder

dutu

storm

chivhuramabwe

hail

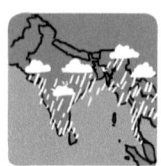

mhepo ine mvura

monsoon

mafashamo

flood

mazaya echando

ice

Ndira

January

Kukadzi

February

Kurume

March

Kubvumbi

April

Chivabvu

May

Chikumi

June

Chikunguru

July

Nyamavhuvhu

August

Gunyana

September

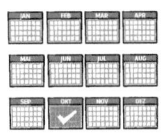

Gumiguru

October

Mbudzi

November

Zvita

December

denderedzwa

circle

sikweya

square

rectangle

rectangle

triangle

triangle

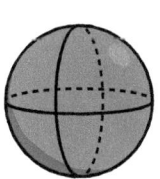

bhora

sphere

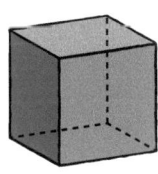

bhokisi

cube

chena

white

yero

yellow

orenji

orange

pingi

pink

tsvuku

red

pepuru

purple

bhuruu

blue

girini

green

kaki

brown

gireyi

grey

nhema

black

zvakawanda / zvishoma

a lot / a little

hasha / dzikama

angry / calm

naka / shata

beautiful / ugly

kutanga / kuguma

beginning / end

hombe / diki

big / small

jeka / rima

bright / dark

hanzvadzikomana /
hanzvadzisikana

brother / sister

chena / sviba

clean / dirty

kwana / kusakwana

complete / incomplete

masikati / usiku

day / night

yakafa / mhenyu

dead / alive

pamhamha / tetepa

wide / narrow

unodyiwa / haudyiwi

edible / inedible

utsinye / mutsa

evil / kind

kunakidzwa / kufinhwa

excited / bored

kobvuka / tetepa

fat / thin

kutanga / kupedzisira

first / last

shamwari / muvengi

friend / enemy

rakazara / hairina kuzara

full / empty

oma / pfava

hard / soft

rema / reruka

heavy / light

nzara / nyota

hunger / thirst

kurwara / kugwinya

ill / healthy

zvisiri pamutemo / zviri pamutemo

illegal / legal

kungwara / kupusa

intelligent / stupid

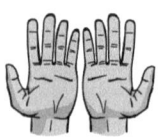

ruboshwe / rudyi

left / right

pedyo / kure

near / far

matsva / matsaru
new / used

hapana / chiripo
nothing / something

kuru / duku
old / young

batidza/dzima
on / off

vhurika / vharika
open / closed

nyarara / ruzha
quiet / loud

mupfumi / murombo
rich / poor

chakanaka / chakaipa
right / wrong

kukasharara / kutsvedzerera
rough / smooth

kusuwa / kufara
sad / happy

pfupi / refu
short / long

nonoka / kurumidza
slow / fast

nyoro / oma
wet / dry

dziya / tonhora
warm / cool

hondo / rugare
war / peace

0

zero

zero

1

potsi

one

2

piri

two

3

tatu

three

4

ina

four

5

shanu

five

6

nhanhatu

six

7

nomwe

seven

8

sere

eight

9

pfumbamwe

nine

10

gumi

ten

11

gumi neimwe

eleven

12

gumi nembiri

twelve

13

gumi netatu

thirteen

14

gumi neina

fourteen

15

gumi neshanu

fifteen

16

gumi nenhanhatu

sixteen

17

gumi nenomwe

seventeen

18

gumi nesere

eighteen

19

gumi nepfumbamwe

nineteen

20

makumi maviri

twenty

100

zana

hundred

1.000

chiuru

thousand

1.000.000

miriyoni

million

languages

Chirungu

English

Chirungu chekuAmerica

American English

Mandarin yekuChina

Chinese Mandarin

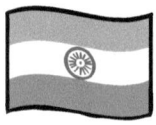

ChiHindi

Hindi

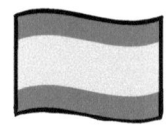

ChiSpanish

Spanish

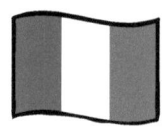

ChiFrench

French

ChiArabic

Arabic

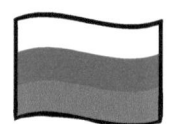

ChiRussian

Russian

ChiPortuguese

Portuguese

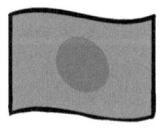

ChiBengali

Bengali

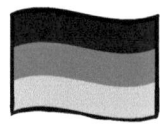

ChiGerman

German

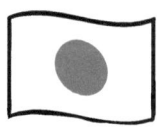

ChiJapanese

Japanese

ini

I

iwe / imi

you

iye

he / she / it

isu

we

imi

you

ivo

they

ani?

who?

chii?

what?

sei?

how?

kupi?

where?

riini?

when?

zita

name

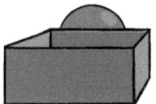

seri

behind

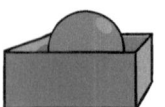

mukati

in

pamberi

in front of

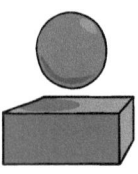

nepamusoro

over

pamusoro

on

pasi

under

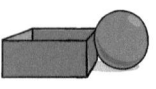

divi

beside

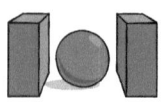

pakati

between

nzvimbo

place